Batalla en el mar

LOS CRUCEROS

AVERY LEE

BLACK RABBIT BOOKS

Bolt es una publicación de Black Rabbit Books
P.O. Box 227, Mankato, Minnesota, 56002.
www.blackrabbitbooks.com

Alissa Thielges, editora
Jason Knudson, diseñador

Los datos de catalogación en publicación están disponibles en la Biblioteca del Congreso.
ISBN encuadernación de biblioteca: 978-1-64582-854-9
ISBN tapa blanda: 978-1-64582-888-4
ISBN libro electrónico: 978-1-64582-922-5

Impreso en los Estados Unidos de América

Créditos de la imagen

Alamy Stock Photo/AB Forces News Collection, 25; Black Rabbit Books/Jason Knudson, 18, 22–23, 27; DVIDS/Petty Officer 1st Class Rawad Madanat, 10–11; Freepik/freepik, 29, macrovector, 9, macrovector_official, 12, 3D-Horse 22–23; Shutterstock/The Mariner 4291, 28–29; Wikimedia Commons/ Commander, U.S. Naval Forces Europe-Africa/U.S. 6th Fleet, 16, Mass Communication Specialist 1st Class Jeremy Graham, 3, 16–17, Mass Communication Specialist 2nd Class Daniel Barker, 9, Mass Communication Specialist 2nd Class Nathan Lockwood, 4–5, MC1 Justin L. Ailes, 21, MC3 Paul Kelly/U.S. Navy, 26–27, National Museum of the U.S. Navy, 1, Naval Surface Warriors, 16, Petty Officer 3rd Class Kevin Cunningham, 6–7, Photographer's Mate 2nd Class Michael Sandberg, 17, Photographer's Mate 3rd Class Bernardo Fuller, 14, Photographer's Mate 3rd Class Lowell Whitman, 24, Photographer's Mate Airman James R. Evans, 19, Photographer's Mate Airman Jordon R. Beesley, 13, 32, Rhk111, 15, Tim Masterson, 16–17, U.S. Naval Forces Central Command/U.S. Fifth Fleet, 7, 17, U.S. Navy/Chief Journalist Joe Kane, cover, 31, United States Navy, 20–21, United States Navy, Mass Communication Specialist John L. Beeman, 21; Se ha hecho todo lo posible por contactar con los titulares de los derechos de autor del material reproducido en este libro. Cualquier omisión será rectificada en impresiones posteriores si se notifica al editor.

CONTENIDO

CAPÍTULO 1

¡Listo para el LANZAMIENTO!

Un crucero estadounidense surca las olas. Su **radar** gira escaneando el cielo. Dentro, los marineros miran las pantallas brillantes. Entonces, de repente, una alerta. ¡Enemigo al frente!

La **tripulación** entra en acción. El capitán da órdenes. Grandes **misiles** se elevan desde los lanzadores. Se mueven a su posición. La nave está lista para atacar.

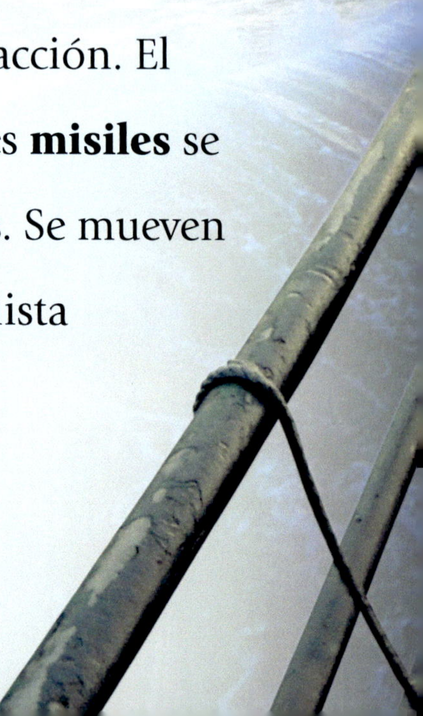

Cerrado y cargado

El radar se bloquea. El lanzador se coloca en posición. Con un rugido, un misil vuela hacia el cielo. Se dispara rápido y certero. ¡BUM! ¡Ha dado en el blanco! **Misión** completa. El crucero se mantiene fuerte y firme. Sigue navegando, atento a otras amenazas.

Algunos cruceros llevan helicópteros para rescates.

CAPÍTULO 2

¿Qué es un CRUCERO?

Un crucero es un gran barco de guerra. La Marina de Estados Unidos los utiliza. Protegen a otros barcos y mantienen los océanos a salvo de los enemigos. Los cruceros son rápidos. Pueden viajar lejos sin detenerse. El radar escanea en busca de amenazas. Las armas guiadas detienen a los aviones y barcos enemigos. Algunos pueden incluso detener misiles entrantes.

COMPARANDO *TAMAÑOS*

CRUCERO

9,600 toneladas
(8,709 toneladas métricas)

567 pies (175 metros)

DESTRUCTOR

15,656 toneladas
(14,203 toneladas métricas)

610 pies (186 m)

PORTAAVIONES

100,000 toneladas
(90,718 toneladas métricas)

1,100 pies (335 m)

PARTES DE UN CRUCERO

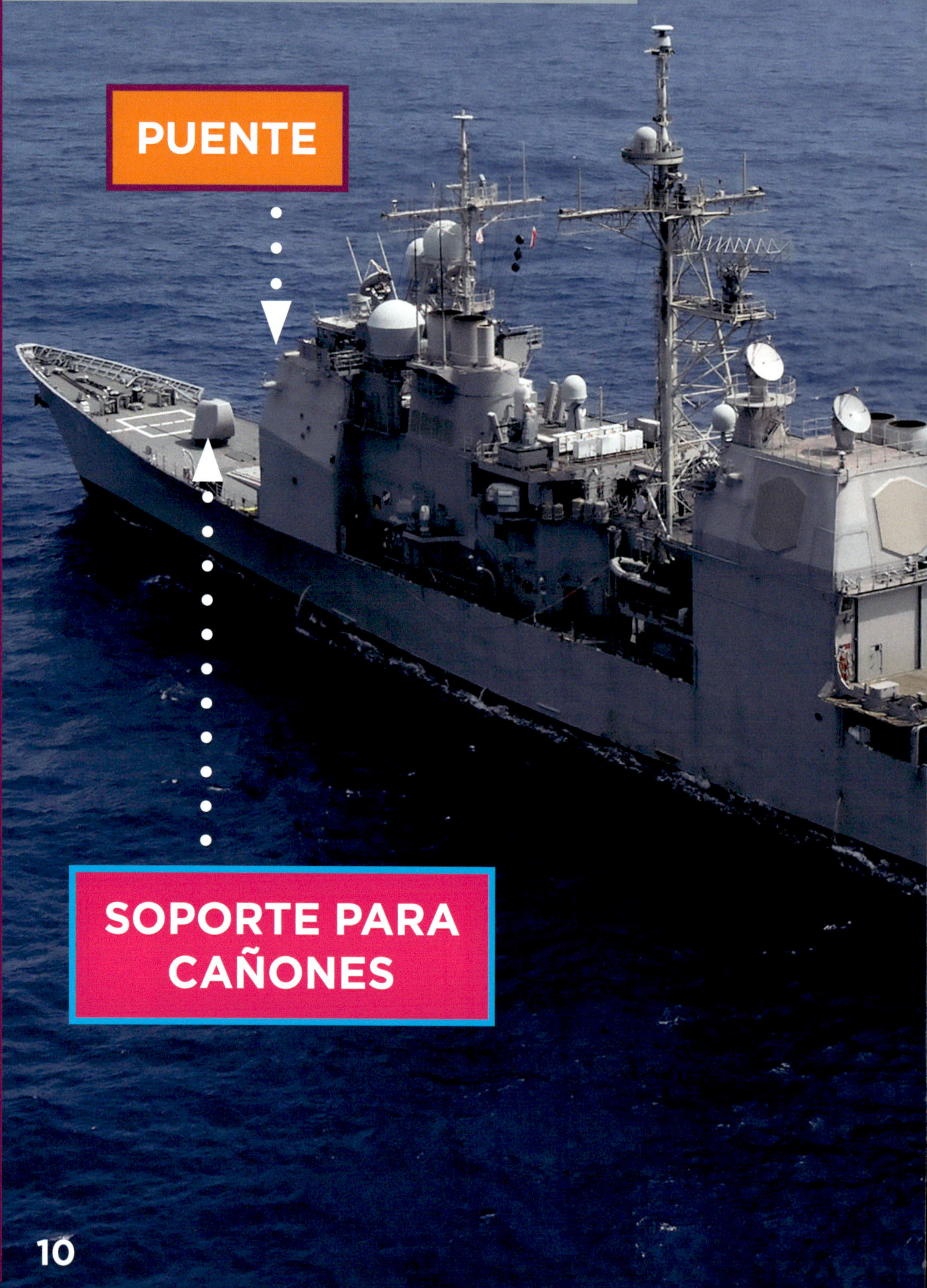

LANZADOR DE MISILES
HELIPUERTO
CASCO

Mejor juntos

Un crucero puede navegar solo. Más a menudo, viaja con otros barcos. Los cruceros se unen a portaaviones y destructores. Forman un grupo denominado **flota**. Una flota puede tener dos o tres cruceros. Protegen a los portaaviones. Juntos, forman un escudo en el mar.

La vida a bordo

Los días en el mar son ajetreados. Los miembros de la tripulación comparten espacios reducidos. Las comidas se sirven en el comedor. Los marineros trabajan por turnos. Algunos gobiernan o vigilan el radar. Otros mantienen el barco en marcha.

Cuando no están de servicio, la tripulación se relaja. Ven películas o llaman a casa. Pero están preparados. Pueden volver a la acción rápidamente.

LA TRIPULACIÓN *EN EL TRABAJO*

Capitán

jefe del barco

Oficial del timón

gobierna el barco

Tripulación de misiles

prepara las armas

Técnico de radar

rastrea el cielo en busca de amenazas

Ingeniero

mantiene los motores en marcha

CAPÍTULO 3

Poderosos GUARDIANES

La Marina estadounidense sólo utiliza un tipo de crucero. Son los de la clase Ticonderoga. Estos barcos están construidos para el poder y la exactitud. En su centro está AEGIS. Este sistema conecta radares, ordenadores y armas. Puede rastrear más de 100 objetos a la vez.

Los destructores también utilizan este sistema de armas.

Armados y preparados

Cada crucero lleva muchos misiles. Atacan objetos en el aire y en el mar. Los SM-6 pueden incluso alcanzar a otros misiles en el espacio. Los Tomahawks son misiles de crucero. Se utilizan para ataques de largo alcance. Vuelan bajo. A los enemigos les cuesta mucho verlos venir.

Armas a bordo

TORPEDOS
Atacan submarinos.

MISILES
Atacan y hunden barcos. Destruyen otros misiles.

CAÑONES
Disparan a los barcos cercanos y a las embarcaciones pequeñas y rápidas. Apoyan misiones terrestres.

¿HASTA DÓNDE *PUEDEN LLEGAR?*

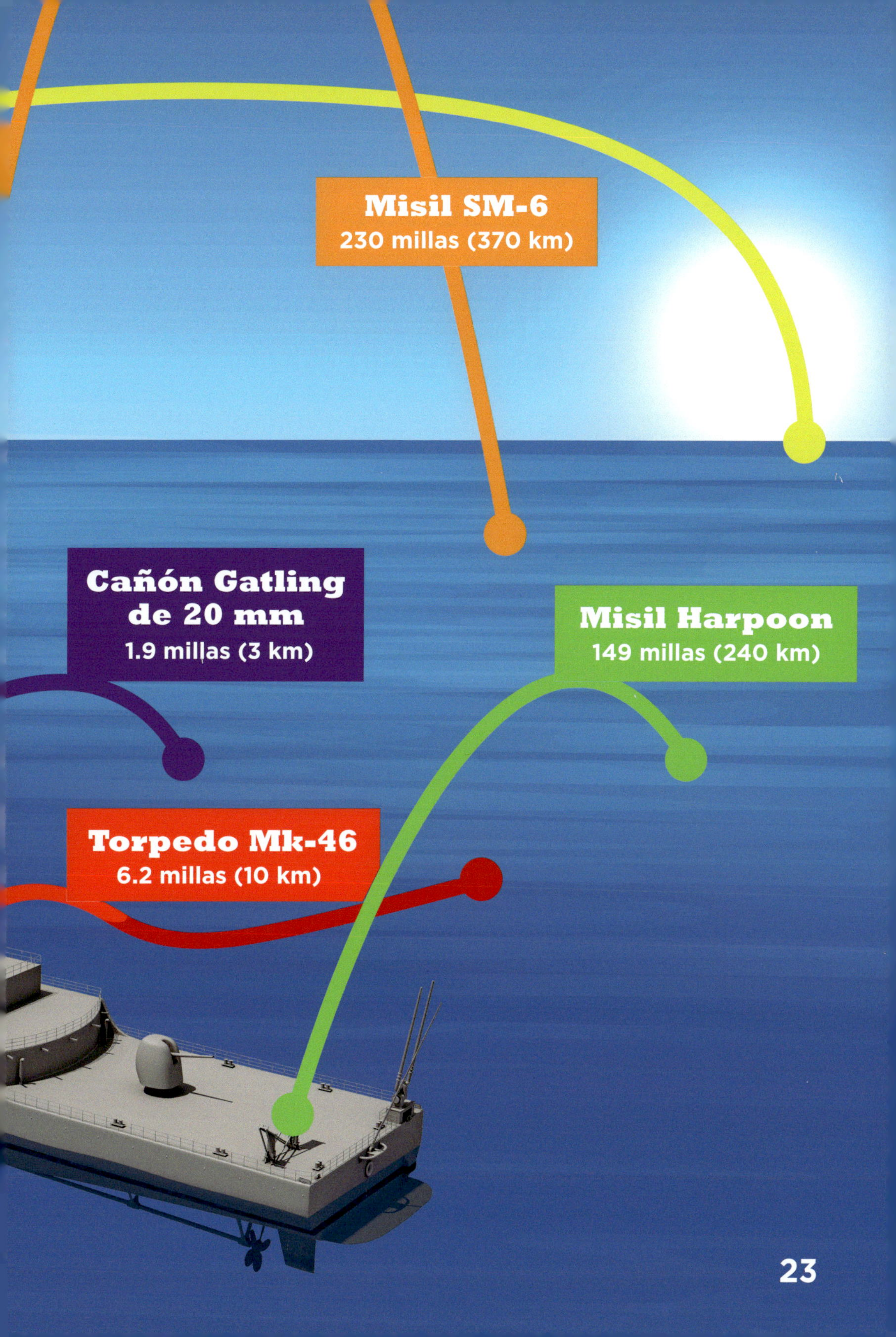
Misil SM-6
230 millas (370 km)
Cañón Gatling de 20 mm
1.9 millas (3 km)
Misil Harpoon
149 millas (240 km)
Torpedo Mk-46
6.2 millas (10 km)

Fuerte por dentro

En el interior, el barco está dividido en secciones. Si una sala resulta dañada, las puertas pueden cerrarse para evitar que el agua o el fuego se propaguen. Esto ayuda al barco a mantenerse a flote. La resistente **Kevlar** protege las piezas importantes de las explosiones. Si algo se rompe, los sistemas de reserva mantienen la nave en funcionamiento.

WARNING

DEFENSORES en el mar

Los cruceros desempeñan muchas funciones. Protegen a las flotas de los ataques aéreos. Navegan cerca para asegurarse de que ningún avión enemigo o submarino se acerque demasiado.

A veces, estos barcos **patrullan** aguas peligrosas. Pueden vigilar una **ruta** para mantenerla segura para otros barcos. En tiempos de paz, ayudan en los rescates.

Los cruceros han servido en muchas guerras.

Primera Guerra Mundial
Segunda Guerra Mundial

Guerra del Golfo Pérsico

Guerra de Afganistán

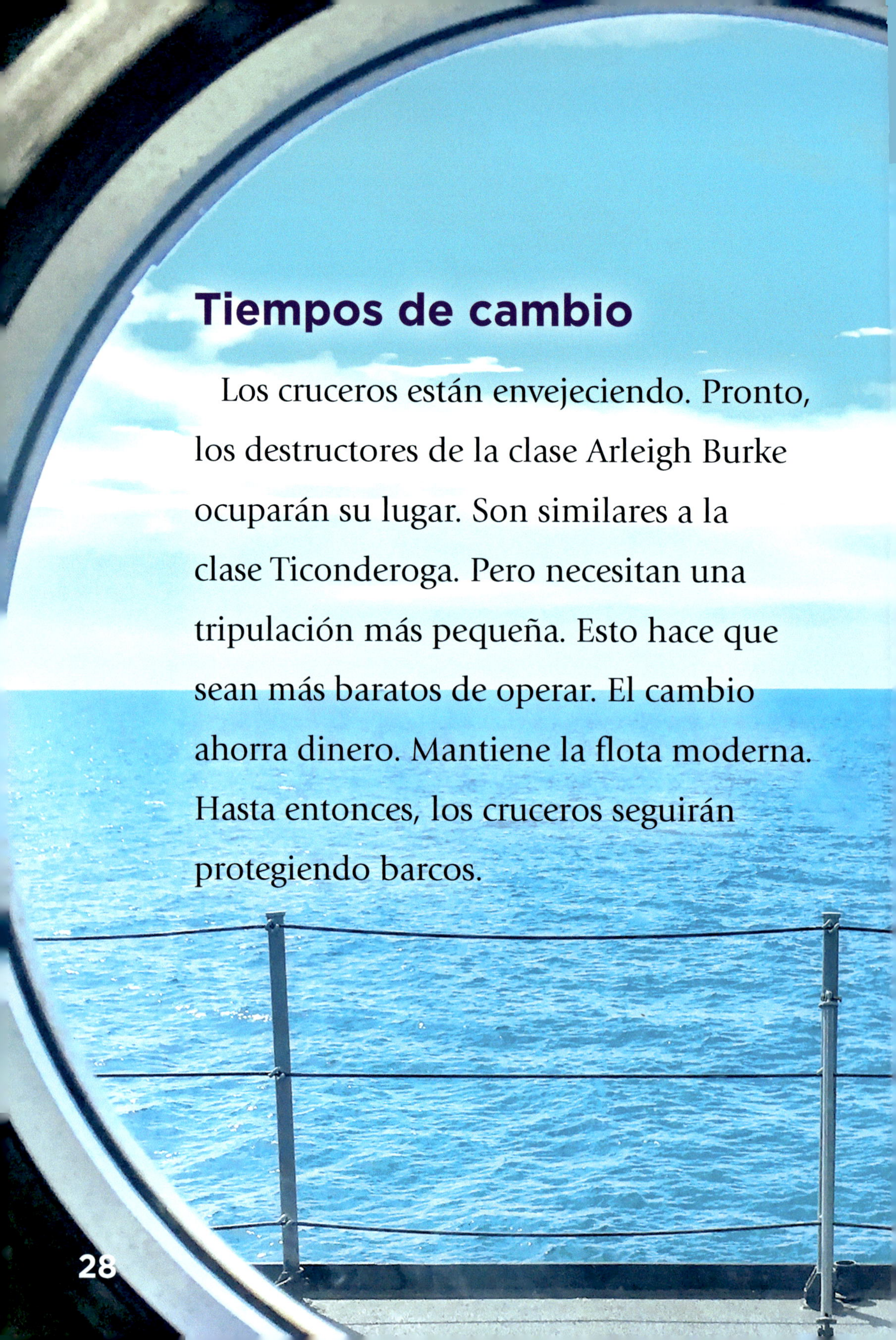

Tiempos de cambio

Los cruceros están envejeciendo. Pronto, los destructores de la clase Arleigh Burke ocuparán su lugar. Son similares a la clase Ticonderoga. Pero necesitan una tripulación más pequeña. Esto hace que sean más baratos de operar. El cambio ahorra dinero. Mantiene la flota moderna. Hasta entonces, los cruceros seguirán protegiendo barcos.

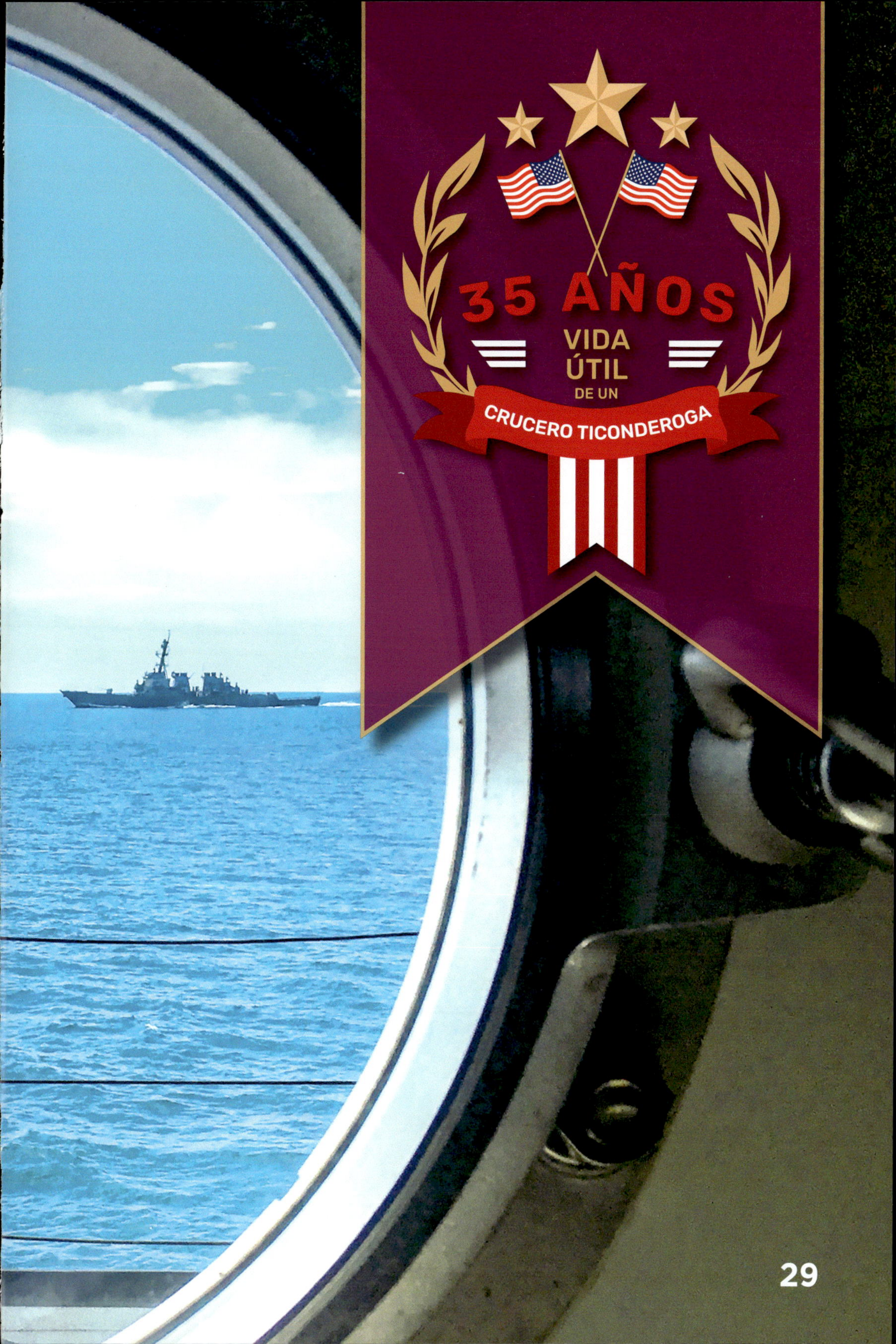
35 AÑOS
VIDA
ÚTIL
DE UN
CRUCERO TICONDEROGA

flota: grupo de barcos militares controlados por un líder

Kevlar: tejido superresistente fabricado por el hombre que puede evitar que las cosas lo atraviesen

misil: arma propulsada por cohetes utilizada para objetivos lejanos

misión: tarea militar o naval específica

patrullar: recorrer una zona para asegurarse de que es segura

radar: dispositivo que emite ondas de radio para encontrar la ubicación y la velocidad de un objeto en movimiento

ruta: el camino que sigue algo para ir de un lugar a otro

tripulación: grupo de personas que manejan una máquina

ÍNDICE